BEI GRIN MACHT SICH IHR WISSEN BEZAHLT

AF167172

- Wir veröffentlichen Ihre Hausarbeit,
  Bachelor- und Masterarbeit

- Ihr eigenes eBook und Buch -
  weltweit in allen wichtigen Shops

- Verdienen Sie an jedem Verkauf

Jetzt bei www.GRIN.com hochladen und kostenlos publizieren

Herausforderungen im Digital Sales und Marketing

Andre Löwe

Bibliografische Information der Deutschen Nationalbibliothek:

Die Deutsche Nationalbibliothek verzeichnet diese Publikation in der Deutschen Nationalbibliografie; detaillierte bibliografische Daten sind im Internet über http://dnb.d-nb.de abrufbar.

ISBN: 9783346751546
Dieses Buch ist auch als E-Book erhältlich.

Spezifische Herausforderungen im Digital Sales & Marketing

SRH Fernhochschule

Modul:	Spezifische Herausforderungen im Digital Sales & Marketing
Jahrgang:	2022

Von

Andre Löwe

INHALTSVERZEICHNIS

I. Darstellungsverzeichnis

Die Digitalisierung hat zu einem starken Wandel der Gesellschaft geführt. Dieses ist anhand von Werten, Persönlichkeiten und Aktivitäten zu erkennen. Häufig wird in der Literatur der Digitalisierung ein schlagartiges hervortreten zugeschrieben, jedoch kann dieses durch weitere Literatur und Vertiefung in das Themenfeld widerlegt werden.[1]

Die Werte der Konsumenten ändern sich durch die Digitalisierung und Transparenz deutlich. Deutlich wird dieses anhand eines Beispiels. Die Generation der Baby-Boomer, zu welcher Personen mit den Geburtsjahren 1945 – 1960 zählen, sind für Themen der Privatsphäre deutlich sensibler als die Generation Z, welche die Geburtsjahre 1997 bis 2010 aufweisen. Durch die stärkere Verschmelzung von Menschen und Maschine ist der tägliche Umgang mit smarten Technologien zur Basis geworden. Dieser tägliche Umgang mit den Technologien und der weiteren Digitalisierung führt zu einer stärkeren Vernetzung von Menschen zu Menschen, jedoch auch von Menschen zu Maschine und Maschine zu Maschine selbstständig.[2]

Wissenschaftler sprechen bei der Digitalisierung von vernetzen Unternehmen, welches den Fachbegriff Industrie 4.0 beschreibt. Weiterhin wird die Digitalisierung im Freizeitbereich Freizeit 4.0 beschrieben, da die Digitalisierung ein regelmäßiger Begleiter für die Bevölkerung ist. Der Mensch ist durch die Digitalisierung in seinem Freizeitverhalten mündiger, informativer, spontaner und weniger berechenbar geworden.[3]

Nach einer Umfrage der *Industrievereinigung Österreich* wurde ein Stimmungsbild der österreichischen Gesellschaft abgefragt. Bei dieser Befragung konnten 1.200 Teilnehmer ihre Meinung zu dem Einfluss der Digitalisierung auf dessen Freizeitverhalten. (siehe Abbildung 1)

---

[1] Vgl. *Hildebrandt/Landhäußer* (2017), S. 274–275
[2] Vgl. *Calmbach* et al. (2016), S. 171–211.
[3] Vgl. *Blasche* (2020), S. 134.

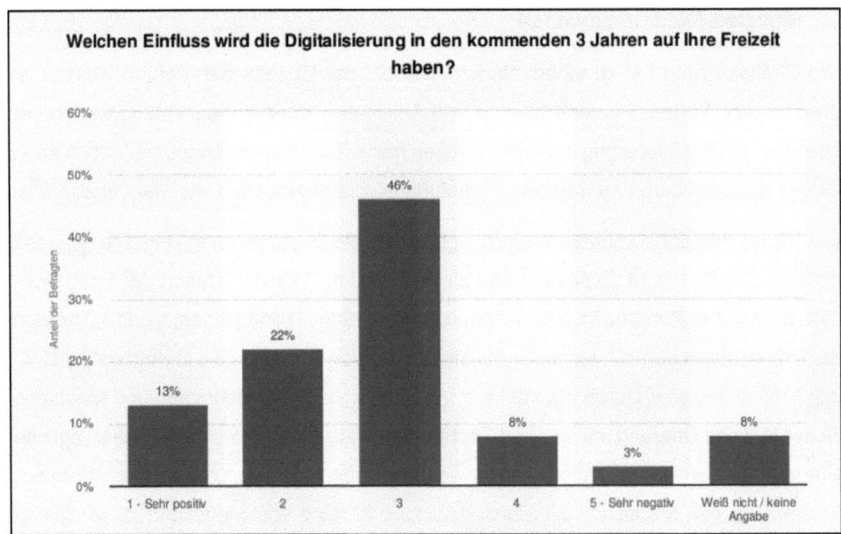

Abbildung 1: Umfrage zum Einfluss der Digitalisierung auf das Freizeitverhalten[4]

Die Digitalisierung führt weiterhin zu einer Individualisierung und Personalisierung von Konsum und Freizeitverhalten. Die steigende Transparenz ermöglicht dem Konsumenten einen weitläufigen Überblick über viele Angebote und somit kann der Konsument nach seinem Nutzen das Beste für Ihn auswählen.[5]

Die genannten Digital Natives fördern den Wandel von Digitalisierung im Bereich Freizeit. Nach einer Studie der Postbank im Jahr 2016, gaben bereits zu diesem Zeitpunkt 90 % der 18- bis 34-Jährigen an, dass diese das Internet für Reisen, Hobbies oder zur Unterhaltung regelmäßig nutzen. Bei den weiteren Altersgruppen gaben jedoch insgesamt nur 28 % an, dass Sie die Digitalisierung für dessen Freizeitzwecke nutzen.[6]

1.1 Internet of Things

Internet of Things oder im deutschen auch Internet der Dinge genannt ist als innovatives Konzept in der Wissenschaft anerkannt. Weiterhin gibt es ein einheitliches Verständnis in der Theorie über dieses Konzept, jedoch ohne einheitliche Definition mit Anfängen und Grenzen. Durch dieses undurchsichtige Verständnis kann in der Praxis das Konzept selten bewusst angewendet werden. Das Internet der Dinge bezieht sich

---

[4] Abbildung entnommen aus *Statista* (2021).
[5] Vgl. *Pfannstiel* et al. (2017), S. 127.
[6] Vgl. *Rehkopf* (2017), S. 6.

auf intelligente Objekte als Grundlage des Konzeptes. Das Konzept soll eine globale Architektur für ein nahtloses und globales Netzwerk psychischer Objekte entwickeln, dabei sollen neue Nutzenpotenziale generiert werden. Einheitlich beschreiben Experten jedoch drei Elementarfaktoren von ioT. Die Elementarfaktoren sind:

- Dinge, welche vernetzt sind und intelligente Technologie anwenden
- Besitzer, welche mit den Dingen Bedarfe formulieren
- Anbieter, welche die Bedarfe adressieren[7]

1.2 Internet of Things im Freizeitbereich

Das Internet of Things ist in der Gesellschaft mit der Anzahl der vernetzten Geräte nicht mehr wegzudenken. So sind heutzutage in der Freizeit außerhalb des beruflichen Umfeldes schon viele Geräte miteinander vernetzt. Diese Vernetzung geschieht im Freizeitbereich eher unbewusst.

Die Nutzung von intelligenter Technik im privaten Umfeld kann viele Vorteile, jedoch auch Nachteile herbeiführen. Ein starker Vorteil von IoT kann der Sicherheitsaspekt sein. Dabei können z.B. Geräte miteinander kommunizieren um Gefahren abzuwehren.

Als Beispiel kann die Automobilbranche angeführt werden. In Automobilen sind derzeit Assistenzsysteme integriert, welche dem Konsumenten helfen sicherer Auto zu fahren. Mögliche Assistenzsysteme sind Fahrspurassistent, Stauassistent, Reifendruckassistent, usw.

Weiterhin werden intelligente Technologien auch für Komfort eingesetzt. Sie dienen zur Verbesserung der Lebensqualität und sollen dem Anwender Aufgaben erleichtern. Somit kann der Konsument seine gesamte Elektronik im Haus per Handy steuern und überwachen. Beispielsweise kann der Konsument mit dem System *Phillips hue* seine Heizung, Lichtschalter, Musik, Türklingel, Kühlschrank, usw. per Handy ansteuern und kontrollieren.

Weiherhin würden für Bestellungen vereinfachte Verfahren entwickelt. Erkennt der Kunde, dass sein Vorrat eines bestimmten Produktes endet konnte dieser per Dash Button direkt dieses Produkt nachbestellen. Dash Buttons waren kleine Geräte, welche per Knopfdruck die definierten Produkte nachbestellten. Der Dienst per Dash Button

---

[7] Vgl. *Bök* et al. (2020), S. 137–145; *Rayes* (2017), S. 93.

wurde primär von dem online Händler Amazon betrieben, welcher jedoch diesen Dienst 2019 beendete. Grund dessen waren weitere Fortschritte in den Bestellverfahren, welche per Sprachsystem durchgeführt werden können. Demnach können Konsumenten aktuell mit dem integrierten Sprachsystem *Alexa* von Amazon Produkte bestellt werden.

Als Nachteil von Internet of Thinks kann der Datenschutz benannt werden. Durch die Vernetzung von intelligenten Geräten wird der Besitzer transparenter für den Dienstleister und dieser kann diese Person eindeutig identifizieren. Für die Generation Z scheint dieses laut Studien kein größeres Problem darzustellen, jedoch für nachstehende Generationen.

1.3 Internet of Things in der Zukunft

Für die Zukunft von Internet of Things werden von mehreren Experten verschiedenste Prognosen angestellt. In dieser Ausarbeitung wird sich auf eine Prognose der Firma *infineon* gestützt, welche nach den Augen des Autors durch seine Branchenerfahrung eine realistische Sichtweise zu dem Thema aufstellt.

Die Firma *infineon* stellt eine Prognose für das Jahr 2030 auf, in welcher zwischen Unterstützung im Freizeitverhalten und Risiken der Vernetzung unterschieden wird. Die Prognose beschreibt, dass persönliche Zusammenkünfte der Gesellschaft größtenteils über digitale Wege stattfindet und die Kommunikation minimiert wird.

Für den Bereich des Automobils wird das autonome fahren von Fahrzeugen vorangestellt, welches bedeutet das Autos selbstständig fahren und miteinander kommunizieren. Die Kommunikation soll es ermöglichen Stauß zu verhindern und in der Stadt frei Parkplätze zu finden.

In der Gesundheitsmedizin wird es wahrscheinlich möglich seine kranken Körperorgane zu ersetzen mit Organen aus dem 3D Drucker. Dieses Verfahren wird aktuell schon für Knochenprothesen angewendet.

In der Prognose wird auch behauptet, dass sich das Smartphone als solches durch HoloLens ersetzen lässt. Diese HoloLens werden weitaus mehr vernetzter sein als Handys und geben dem Anwender die Möglichkeit tiefgreifenderen Nutzen zu erwirtschaften.

Das Risiko der Vernetzung bleibt in der Zukunft jedoch bestehen. Die Sicherheit der einzelnen Systeme wird eine primäre Rolle spielen, sodass ein Angreifer nicht in die geschlossenen Systeme eingreifen kann. Weiterhin werden auch mehr personenbezogene Daten verarbeitet, sodass ein Anbieter für seine individuellen Zwecke einsetzen kann.

Weiterhin wird ein Gesellschaftswandel eintreten. Viele Arbeitsplätze werden durch Maschinen übernommen werden und es werden nur noch spezialisierte Arbeitskräfte benötigt. Maschinen arbeiten günstiger und routinierter, sodass der Mensch sekundär eingesetzt wird. Diese deutlich ansteigende Arbeitslosigkeit wird ein Thema der Gesellschaft und den Lebenssinn darstellen.

2 CHANCEN UND HERAUSFORDERUNGEN VON QR-CODES UND HCI

QR-Codes und HCI sind smarte Technologien, welche mit unterschiedlichsten Anwendungen überzeugen können. Dementsprechend werden diese beiden Technologien folgend weiter erläutert.

QR steht in für Quick Response oder auch schnelle Antwort. Diese zweidimensionalen Codes sind eine Weiterentwicklung der eindimensionalen Barcodes und basieren auf einem Binärsystem. Vorteilhaft bei den QR-Codes ist die Effektivität zu nennen, welche sich mit der kostengünstigkeit der lesenden Endgeräten verknüpft. QR-Codes besitzen eine weitaus höhere Speicherkapazität als Barcodes und lassen sich durch die weltweite Vernetzung unternehmensübergreifend verwenden.[8]

HCI ist die Abkürzung für Human Computer Interaction und bedeutet Mensch zu Computer Interaktion. Bei diesem Forschungsgebiet wird die Schnittstelle von Informationsübertragung zwischen Menschen und smarten Technologien untersucht. Weiterhin wird auch die Art und Weise der Kommunikation analysiert.[9] Die HCI beschreibt die dritte Generation der Informatik in welcher das Zusammenspiel von Mensch und Maschine im Fokus steht. Die vorhergehen Generationen standen im Fokus der Hardware und der Programmierung. Grundlegend für die Mensch Computer Interaktion dient das PACT-Framework-Modell als Grundgedanke. Das Modell besagt, dass heterogene Menschen (People) verschiedene Aufgaben (Activities) mit unterschiedlichen Kontext

---

[8] Vgl. *Vohl Hans-Jörg/Neis Patrick* (2016), S. 1–3.
[9] Vgl. *Heinrich* (2002), S. 308.

(Context) und der Hilfe von unterschiedlichen Technologien (Technology) durchführen.[10]

2.1 Mögliche Anwendungsgebiete

QR-Codes können vielseitig eingesetzt werden. Die Anwendung kann im privaten als auch im geschäftlichen Kontext genutzt werden. Mögliche Anwendungsbereiche sind in der Produktionslogistik in Industrieunternehmen, der Verwendung im öffentlichen Raum für Fahrplanauskünfte, im Bereich des Marketings für Webebotschaften, die Digitalisierung des Zahlungsverkehres, die Speicherung von Informationen auf Produktverpackungen oder Visitenkarten und die Übertragung von Sicherheitsinformationen bei Unfallsituationen.[11]

Die bekanntesten vier Arten von Codearten sind der DataMatrix-Code, QR-Code, BeeTransponder-Code und Aztec-Code. QR-Codes sind mindestens 17x17 Felder groß und haben maximum 177x177 Felder. Dieses reicht für eine Speicherkapazität von 2.953 Byte. Ein QR-Code kann somit große Datenmengen speichern. Der Unterschied zum DataMatrix-Code besteht in den drei Zentrierungspunkten auf den QR-Codes, da der DataMatrix-Code den gleichen Aufbau wie der QR-Code aufweist. Der BeeTransponder-Code sieht augenscheinlich wie eine Bienenwabe aus und kann kleine Datenmengen aufnehmen. Hauptsächlich wird dieser verwendet um eine URL einer Webseite zu speichern. Zuletzt wird der Aztec-Code mit der Norm Iso 24778 spezifiziert, findet jedoch im europäischen Festland wenig Anwendung.[12] (siehe Abbildung 3).

---

[10] Vgl. *Frank Steinicke/Kim Wittenburg*, S. 6–10.
[11] Vgl. *Abdelkhalek* (2011), S. 31–32.
[12] Vgl. *Kruse Brandão* (2018), S. 174–176.

6

Typ	1D-Codes	2D-Codes		3D-Codes	4D-Codes
Kodierung	eindimensional	zweidimensional		2D + Farbe	3D + Zeit
Beispiele	Codabar, Code39, Code128, EAN, Interleave, Pharmacode, Zielcode	Stapelcodes: Codablock-F, PDF147 Matrixcodes: Aztec, BeeTagg, Blotcode, DataMatrix, Maxicode, JagTag, QR-Code Sonderformen: Shotcode, Array Tag, 3-DI /Accu-Code, Dandelion Code		Microsoft Tag	unsynchronisierter 4D-Barcode
	Code128	Codablock-F	PDF147	Microsoft Tag	unsynchronis. 4D-Barcode
	EAN	Aztec	BeeTagg	QR-Code	
	Pharmacode Zweispur	DataMatrix	Maxicode	Shotcode	

Abbildung 2: Arten von Codes[13]

HCI bzw. Computer Mensch Interaktion wird in der aktuellen Lebenssituation immer eingesetzt und gilt schon zum alltäglichen Weltbild. Eine Interaktion zwischen Computer und Menschen geschieht über unterschiedlichste Weisen. Somit kann über mobile Endgeräte, Sprachassistenten, usw. kommunizieren. Die alltägliche Anwendung von HCI ist im privaten und geschäftlichen Kontext erfolgen. Anwendung von HCI ist branchenunabhängig und kann für die Interaktion im und außerhalb eines Unternehmens angewendet werden. Aktuelle HCI Produkte sind z.B. Sprachassistenten, medizinische Hilfsmittel wie Diabetessensoren, Tablets, usw.[14]

2.2 Voraussetzungen für die Anwendung

QR-Codes sind relativ kostengünstige und simple Scann-Codes für die Informationsübertragung. Vereinfacht wurde der QR-Code weiterhin auch durch die im Jahr 2013 vereinheitlichte Norm ISO 15418 welche besagt, dass ein QR-Code von Industriescannern und auch privaten Endgeräten lesbar sein sollte. Somit wird das Internet als Codierelement angewendet, da private mobile Endgeräte bei dem Scann-Vorgang immer auf dieses zurückgreifen.

Grundlegend benötigt ein Anwender für das QR-Code scannen ein Endgerät, welches mobile oder stationäre Internetverbindung aufbauen kann. Das Eingabegerät im privaten Bereich ist oftmals das Smartphone, welches ein bestimmtes Betriebssystem installiert haben sollte oder eine Application software zur Verwendung bereitstehen

---

[13] Abbildung entnommen aus *Kruse Brandão* (2018), S. 174.
[14] Vgl. *Carroll* (2010), S. 137–143.

sollte. Bei den Betriebssystemen können ab dem System ISO 11 von *Appel* und Android 9.0 per Kammererfunktion die QR-Codes einlesen. Weiterhin sollte der QR-Code nicht zu klein sein und scharf lesbar sein. Empfohlen wird mindestens eine Kantenlänge von 2,5 Zentimetern. Zu dem scharfen Erkennungsbild des QR-Codes zählt auch die Kontrastschäfte, welche helle und dunkele Elemente deutlich abgrenzen sollte.

Die Voraussetzung für Human Computer Interaction entstehen aus den Anforderungen der Anwendung. Sprachassistenten haben speziellere Anforderungen als Laptops. Jedoch können Übergeordnete einheitliche Anforderungen können jedoch abgeleitet werden. Generell werden Eingabe-, Verarbeitungs- und Ausgabegeräte benötigt. Das Verarbeitungsgerät benötigt zur Kodierung der eingehenden Informationen ein dementsprechendes Serverprogramm, damit die Kodierung erfolgen kann und die Daten verarbeitet werden. Dabei soll das System auch intelligente Antworten erzeugen. Diese Antworten werden anhand des Ausgabegerätes an den Empfänger überführt.[15]

Zur Bewertung der Vorrausetzungen für die *ABA Beul* können QR-Codes und auch Mensch-Computer-Interaktionen im Unternehmenskontext umgesetzt werden. Somit werden im weiteren Verlauf mögliche Anwendungen und Best Practice Beispiele angeführt.

3 DETERMINATE TOUCHPOINTS

Touchpoints sind mögliche Kontaktpunkte von allen Stakeholdern mit einem Unternehmen oder einer Marke. Die Anzahl der Touchpoints erweitert sich stetig durch Digitalisierung und Nutzung von mobilen Endgeräten. Touchpoints werden in die Customer Journey einbezogen und sind nicht nur Berührungspunkte des Konsumenten während eines Kaufs, sondern weit vorher und nachher. Alle Touchpoints sollen den Konsumenten animieren eine bestimmte Aktion zu tätigen, diese Aktion kann demnach vielfältig sein. Aktionen können direkte Kaufabsichten, Erhöhung des Einkaufserlebnisses, Markenbindung, usw. sein. Durch die Digitalisierung und die Nutzung von mobilen Endgeräten hat sich die Sicht auf einen Touchpoint geändert. Früher wurden Werbeplakate und Radiowerbung als Erfolgspotenzial erkannt, welches heute wieder überholt ist.

---

[15] Vgl. *Jacko* (2007), S. 276.

Heutzutage wird ein moderner Touchpoint mit dem Begriff mobilen Moments beschrieben. Dieser Begriff wurde von dem Unternehmen Google im Jahr 2015 definiert. Ein Unternehmen sollte dann für seine Kunden im entscheidenden Moment präsent sein, einen Mehrwert bieten und eine einfache Verfügbarkeit der Informationen gewährleisten. Um die Verfügbarkeit der Informationen überall gewehrleisten zu können wird das Smartphone als Ausgabegerät bevorzugt. Diese ist ein ständiger Begleiter in der heutigen Zeit und kann Daten auslesen.

Um dem Konsumenten einen Mehrwert zu bieten muss der für das Individuum passende Inhalt herausgefiltert werden und in dem Moment der Informationssuche erscheinen. Zu diesem mobilen Moment können nach Rieber vier Determinanten angeführt werden:

- Motivation: Zielsetzung des Nutzers (Information oder Kauf)
- Dringlichkeit (Zeithorizont des Konsumenten)
- Aufenthaltsort (an welcher Lokation ist der Konsument)
- Emotionale Verfassung

Die einfachste zu ermittelnde Determinante kann dem Aufenthaltsort zugeschrieben werden. Dieser ist über das Smartphone und akzeptierte Ad-IDs abrufbar. Somit kann der Werbende den Aufenthaltsort erkennen und darauf eine bestimmte Information abstimmen.

Touchpoints im Kaufprozess

Unterschieden werden können Touchpoints anhand des der Phase im Kaufprozess somit vor dem Kauf, bei dem Kauf und nach dem Kauf. Kauf

Vor dem Kauf kann jedoch noch in mit und ohne Absicht unterteilt werden. Ohne Absicht geschieht es über reine Informationssuche zu Produkten welche die Entscheidung des Konsumenten noch beeinflussen können. Bei der Phase vor dem Einkauf jedoch mit Kaufabsicht wird der Konsument nicht mehr informativ beeinflusst, sondern es kann z.B. eine Dringlichkeit erzeugt werden.

Touchpoints während der Kaufphase können den Konsumenten in seiner Wahl bestätigen und haben einen sehr großen Einfluss auf die Customer Journey.

Bei den Touchpoints nach dem Kauf, wird ebenfalls in zwei weitere Touchpoints unterschieden. Einerseits Touchpoints, welche der Konsument mit der Nutzung des

Produktes erwirkt und somit ggf. zu einem Wiederkauf aktiviert. Andererseits einen Erfahrungsaustausch Touchpoint zu anderen Konsumenten, bei welchem der Nutzer seine Erfahrungen schildert und mögliche Neukunden akquiriert.

Touchpoints können unterschiedlichen Ursprungs haben. Sie können durch Bewertungen verdient, durch Anzeigen gekauft, durch Unternehmen erstellt (Webseite) und durch geteilte Mitteilungen erzeugt werden.

Eine weitere Systematisierung der Touchpoints kann zweidimensional erfolgen. Eine zweidimensionale Unterscheidung geschieht an Begriffspaaren, welche einen Gegensatz erstellen.

Produktorientiert	Serviceorientiert
Physisch greifbar	Digital
Kommunikationsorientiert (Informativ)	Erlebnisorientiert (Ausprobieren)
Persönlich (Face-to-Face)	Unpersönlich (kein direkter Kontakt)
Notwendig	Zusätzlich
Allzeit verfügbar	Begrenzte Verfügbarkeit
Ubiquitär (für jeden zugänglich)	Selektiv (nur bestimmten zugänglich)

Abbildung 3: Zweidimensionale Abgrenzung Touchpoints

3.1 Touchpoints für ein Elektronikfachmarkt

Für einen Elektronikfachmarkt können smarte Technologien als Touchpoints eingesetzt werden. In der Praxis werden viele Möglichkeiten der Umsetzung dargelegt. In der Ausarbeitung werden die Technologien interaktiver Werbung, mobile Kampagnen, Agmentet Reality, In-Store-Navigation, NFC Produktinformationen und Unternehmensblogs. (siehe Abbildung 5)

Abbildung 4: Mögliche smarte Technologien

Interaktive out of Home Werbung beschreibt eine neuartige Form des Marketings im öffentlichen Raum. Dabei agiert das klassische Werbemedium mit dem Internet. Beispielsweise wird für diese Art der Werbung an stark frequentierten Plätzen aufgestellt. Oftmals sind dabei Aufsteller als Werbemedium eingesetzt. Diese Aufsteller reagieren mit Bewegungsmeldern auf Passanten und spielen nach auslösen des Bewegungsmelders einen Videoclip oder auch gewisse Audiotöne ab. Die GfK hat in einer Studie im Jahr 2020 herausgefunden, dass diese Art der Werbung ein überdurchschnittliches Wachstum gegenüber anderen werbeformen hat und dementsprechend die Interaktion der Konsumenten mit dem Medium stark steigen. Für den Elektronikfachmarkt wäre es z.B. möglich diese Art des Mediums an Plätze zu präsentieren mit hohen Konsumentenaufkommen. Dabei sollte die Zielgruppe von technikaffinen Personen aufgegriffen werden. Ein möglicher Ort wäre eine Bus- oder Bahnstation in nähe einer Universität, bei welcher viele junge Leute dieses Werbemedium erkennen. Weiterhin wäre auch eine Platzierung in einer Fußgängerzone sinnvoll um viele mögliche Konsumenten anzusprechen.

Bei mobilen Kampagnen mit Bereichswirkung wird im Umkreis des werbenden Unternehmens Werbung auf mobile Endgeräte verteilt. Dieses geschieht z.B. über die Plattform *Google* bei welcher viele Konsumenten die Standortfunktion aktiviert haben und die Einwilligung gegeben haben, das *Google* ihnen Pop-up Nachrichten senden kann. Dieses kann der Elektrogroßhandel z.B. im Bereich von 1 Kilometer um seinen stationären Standort versenden um Kunden anzusprechen und diese in seinen stationären Handel zu bringen. Es hilft dem Elektrohändler somit Kaufunentschlossene zu gewinnen und Werbung für Neukunden zu generieren.

Augmented Reality, im deutschen erweiterte Realität, beschreibt die computergestützte Erweiterung der Realitätswahrnehmung. Die AR kann bei dem Konsumenten jedes Sinnesorgan ansprechen, sodass dieser ein erweitertes Bild der Wahrnehmung erreicht. Heutzutage wird oft das Sinnesorgan Auge, somit visuell, angesprochen. Augmented Reality ist mit mobilen Endgeräten möglich, dabei wird die virtuelle Wahrnehmung durch weitere Elemente wie Textinformationen, Animationen oder Bilder erweitert. Die Augmentet Reality könnte somit die Customer Journey erweitern und die Kundenzufriedenheit sowie Kundenloyalität erhöhen. Die Vorteile für Kunden und dem Händler sind deutlich und zeigen, dass viele Konsumenten in Zukunft stärker Augmentet Reality nutzen werden. Vorteile sind die die erleichterte Kaufentscheidung durch Visualisierung des Produktes, die größere Produktauswahl als im stationären Handel, eine schnellere Einkaufsabwicklung und ein Spaßfaktor des Konsumenten. Der Spaßfaktor hat eine bedeutende Wirkung, da sich das Freizeitverhalten der Konsumenten grundlegend verändert hat. AR könnte dem Elektrofachhandel helfen seine Produktpalette zu erweitern und individualisierbare Produkte dem Kunden visuell sichtbar zu machen. Weiterhin kann der Elektronikfachmarkt auch die AR in seinen Online-Shop einbinden, sodass seine Kunden über diesen Touchpoint zu ihm kommen können.

Eine In-Store-Navigation oder auch Indoor-Navigation genannt, ermöglicht es dem Kunde oder dem Mitarbeiter ein gesuchtes Produkt per Navigation schneller zu finden. Die Navigation geschieht über mobile Endgeräte und über WLan oder Bluetooth. Weiterhin benötigt der Anwender zur Suche meistens eine App, in welcher die nötigen Positionsdaten gespeichert sind. Die Produktfindung kann jedoch selten über GPS Daten erfolgen, da in Gebäuden GPS Daten oftmals nicht funktionieren. Somit lässt sich Grundsätzlich die Indoor-Navigation einer Navigation zwischen Start- und Zielpunkt zuordnen. Vorteile der In-Store-Navigation sind eine Steigerung der Effizienz durch eine leichtere Produktfindung, eine Zeitersparnis bei der Produktsuche und einer Fehlerminimierung bei der Produktverwechselung. Weiterhin können auch die geringen

Kosten für die Einrichtung, Erhöhung der Customer Journey für den Kunden und die Kombination mit Augmentet Reality ein Vorteil darstellen. Nachteilig ist ein festes Regalplatzsystem, bei welchem die Produkte immer am identischen Platz stehen müssen, wenn diese nicht einem anderen Regalplatz zugeordnet werden.

Bei dem Touchpoint mit Produktinformationen bei Verwendung sind z.b. NFC-Codes gemeint. NFC Codes bedeuten Near Field Communication Codes, übersetzt heißt dieses Nahfeldkommunikation und beschreibt den elektronischen Daten- und Informationsaustausch über kurze Distanz. Die Übertragung von NFC Codes ist auf wenige Zentimeter begrenzt. Funktional benutzten NFC Codes die RFID-Technik (Radio Frequency Identificatin). Die RFID Technik ist ein standardisiertes Übertragungsformat für die kontaktlose Übertragung von Daten und Informationen. Die RFID-Technik kann über unterschiedliche Frequenzen genutzt werden, wie es aus der Radiofrequenz der verschiedenen Radiosender bekannt, jedoch benutzt die NFC-Code Kommunikation zu dem Datenträger nur die Frequenz 13,56 MHz. Oftmals wird dabei NFC mit Bluetooth gleichgesetzt, wobei beachtet werden muss, dass NFC nur kleine Daten und Informationen übermittelkann und dieses nur auf geringe Zentimeter. Somit ist NFC keine Alternative zu Bluetooth als wenn eine Erweiterung. Vorteil der NFC Technik gegenüber Blutooth ist die NFC Technik einfacher und lässt sich unkomplizierter und schneller mit Endgeräten verknüpfen. Bei der Verwendung von NFC-Codes werden diese als passiver Modus bezeichnet. Dieser passive Modus benötigt zum Auslesen ein aktives und NFC fähiges Endgerät. Wird das NFC fähige Endgerät in aktivem Zustand in nähe des NFC-Codes gehalten werden die Informationen des in passiven Modus befindlichen NFC-Codes übermittelt. Diese Übermittlung ist deswegen möglich, da das Endgerät ein Magnetfeld aufbaut und somit einen Impuls zu dem NFC-Code gibt. Dieser Impuls aktiviert die Spule des NFC-Codes und kann somit Daten übermitteln. Das Prinzip des NFC Codes hat die Firma Otto-Versand bereits im Jahr 2015 ausgetestet. In diesem Jahr hat Otto-Versand die Aktion gestartet bei einer neuen Kaffeemaschine der Marke DeLonghi einen NFC Code mitzuschicken, bei welchen wichtigste Fragen und Produktinformationen hinterlegt wurden. Weiterhin sollte mit dem NFC Code auch eine Dash-Button Funktion erreicht werden, bei welcher der Kunde bei endenden Klaffe oder Entkalkungsmittel über diesen Code nachbestellen konnte. Dieser NFC-Code wurde von Otto-Versand jedoch nicht einheitlich umgesetzt da der Zeitpunkt der Einführung noch zu früh war und nicht jedes Smartphone im jahr 2015über eine NFC Funktion verfügte.

https://neuhandeln.de/viel-glitzer-kein-mehrwert-otto-versand-testet-nfc-chip/

https://neuhandeln.de/und-es-passiert-nichts-nfc-projekt-von-otto-versagt-in-der-praxis/

Zuletzt kann der Unternehmensblog als Touchpoint dienen. Diese Weblogs sind in der Kommunikationspolitik erst seit dem Jahr 2010 vollkommen integriert. Unternehmensblogs, auch Corporate Blogs genannt, werden von dem Unternehmen geführt und verfolgen die Marketing- und Unternehmensziele. Die Funktion eines Blogs kann unterschiedlich sein und für unterschiedliche Zielgruppen geeignet sein. Somit lassen sich interne und externe Unternehmensblogs unterscheiden. Eine funktionale Unterscheidung von Corporate Blogs hat Ansgar Zerfaß definiert und beschreibt diese wie folgt:

1.   Knowledge Blogs; Intranet als Unternehmensinternes Wiki

2.   Meeting-Blogs   ; Passwortgeschützte Blogs für Protokolle von Besprechungen

3.   Service-Blogs; Informationen zu Produkten für Kunden

4.   Kampagnen-Blogs; temporäre Blogs zur Unterstützung von Werbekampagnen)

5.   Themen-Blogs; themenbezogene Informationen zu Kompetenzsteigerung)

6.   Produkt-Blogs, das Produkt steht im Fokus und vergleichbar klassische Werbung

7.   Projekt-Blogs; dienen der Zusammenarbeit zu einem bestimmten Zweck

8.   CR-Blogs; Schaffung einer Community zur Markenbindung

Nachteilig an einem Unternehmensblog können verschiedene Faktoren darstellen. Die Sicht der Kunden auf das Unternehmen kann sich ändern, durch unseriöse Berichte und Imageverlust. Weiterhin kann durch gebundene Ressourcen der Mitarbeiter zur Pflege von Blogs andere Aufgaben vernachlässigt werden.

Vorteilhaft ist bei sachgemäßer Berichterstattung und Pflege des Blogs eine Steigerung des Kompetenzbewusstsein für den Kunden. Weiterhin hat jeder Blog eine gewisse Werbewirkung und kann der Zielgruppe einen Kaufanreiz geben.

ABA BEUL GmbH (2021), Webseite ABA BEUL GmbH | Armaturen . Systeme . Gussbauteile, in: https://www.ababeul.de/, abgerufen am 18. 10. 2021.

Abdelkhalek, S. (2011), QR-Codes - empirische Untersuchung der Zielgruppe und des Nutzungsverhaltens in Deutschland, Hamburg.

Blasche, G. (2020), Erholung 4.0. Warum sie wichtiger ist denn je, Wien.

Bök, P.-B./Noack, A./Müller, M./Behnke, D. (2020), Computernetze und Internet of Things. Technische Grundlagen und Spezialwissen, Wiesbaden.

Calmbach, M./Borgstedt, S./Borchard, I./Thomas, P. M./Flaig, B. B. (2016), Wie ticken Jugendliche 2016? Lebenswelten von Jugendlichen im Alter von 14 bis 17 Jahren in Deutschland, Wiesbaden.

Carroll, J. M. (Hrsg.) (2010), HCI models, theories, and frameworks. Toward a multidisciplinary science, San Francisco, Calif.

Frank Steinicke/Kim Wittenburg, Informatik im Kontext 1: Grundlagen der Mensch-Computer-Interaktion, Uni Hamburg.

Hegen, M. (2010), Mobile Tagging. Potenziale von QR-Codes im Mobile Business, Hamburg.

Heinrich, L. J. (2002), Wirtschaftsinformatik-Wörterbuch - Dictionary of Economic Informatics. Deutsch-Englisch. Englisch-Deutsch. German-English. English-German, 4. Aufl., Berlin, Boston.

Hildebrandt, A./Landhäußer, W. (Hrsg.) (2017), CSR und Digitalisierung. Der digitale Wandel als Chance und Herausforderung für Wirtschaft und Gesellschaft, Berlin, Heidelberg.

Jacko, J. A. (2007), Human-Computer Interaction. HCI Applications and Services. 12th International Conference, HCI International 2007, Beijing, China, July 22-27, 2007, Proceedings, Part IV, Berlin, Heidelberg.

Kruse Brandão, T. (2018), Digital Connection. Die Bessere Customer Journey Mit Smarten Technologien - Strategie und Praxisbeispiele, Wiesbaden.

Martin, H. (2014), Transport- und Lagerlogistik. Planung, Struktur, Steuerung und Kosten von Systemen der Intralogistik, 9. Aufl., Wiesbaden.

Meyer, N. (2014), Die Zukunft des Marketing ist mobil! Grundlagen, Voraussetzungen und Instrumente des Mobile Marketing, Hamburg.

Pfannstiel, M. A./Da-Cruz, P./Mehlich, H. (Hrsg.) (2017), Digitale Transformation von Dienstleistungen im Gesundheitswesen II. Impulse für das Management, Wiesbaden.

Rayes, A. (2017), Internet of Things From Hype to Reality. The Road to Digitization, Cham.

Rehkopf, T. (2017), Postbank Studie: „Der digitale Deutsche 2017", Postbank.

Statista (2021), Österreich - Digitalisierung der Freizeit 2020 | Statista, in: https://de.statista.com/statistik/daten/studie/1096889/umfrage/auswirkung-der-digitalisierung-auf-die-freizeit-in-oesterreich/, abgerufen am 17. 10. 2021.

Vohl Hans-Jörg/Neis Patrick (2016), QR Codes im Mittelstand. Industrie 4.0: Die Einführung von QR-Codes zur Prozessverbesserung und -steuerung, Project Management Partners, München.